PRÉCIS

SUR LA PAIX,

Contenant *le tableau de la situation politique de la France envers les puissances armées, et les moyens propres à accélérer l'œuvre de la pacification, tout en lui donnant une base inébranlable.*

PAR P. GALLET.

—————

A PARIS,

Chez tous les marchands de nouveautés.

DE L'IMPRIMERIE DE PILARDEAU.

AN VIII.

PRÉCIS
SUR LA PAIX.

Dans ce moment, où le peuple semble fixer son incertitude sur ses destinées, et où un cri général s'élève de tous les points de l'empire en faveur de la paix, il me semble qu'il ne serait pas inutile de faire entrevoir les intérêts qui doivent lui servir de base; de montrer les causes qui peuvent la retarder; et les moyens de la rendre inébranlable.... J'entends et je lis de toutes parts que dans un mois nous aurons la paix : craignons de faire naître des espérances qui , malheureusement , ne pourront être réalisées à cette époque, vu la complication des intérêts politiques. En éclairant le peuple , on alimente son espoir et on anime ses efforts ; au lieu qu'on le frustre en l'abusant, et on se ravit ainsi le fruit de son enthousiasme, dont la patrie peut tirer le plus grand avantage, et qui peut devenir le mobile de son salut et de sa prospérité... On va jusqu'à dire que le gouvernement l'a promis. Je vois avec peine qu'en répandant ces bruits, on tend à rendre le gouvernement responsable des retards : à l'époque annoncée, on réclamera l'engagement qu'on dit contracté, et on ramènera le peuple vers l'incertitude..... Qu'on jette un coup-d'œil sur ce précis, et l'on sera éclairé sur les moyens du gouvernement, et ce qui peut déterminer la conclusion de la paix.

Qu'on considère nos rapports avec les puissances armées, et l'on verra qu'il existe, du côté de l'Angleterre et de l'Autriche, des obstacles qui ne se leveront qu'avec la plus grande difficulté. La négociation avec la Russie en présente aussi de bien grands ; sur-tout, si dans le plan de la pacification entrait le rétablissement de la Pologne : elle ne consentirait point à la réintégration de cet état qui lui fermerait la route de l'Orient. Il ne faut point s'attendre que la Russie renonce en un instant à son antique projet sur Constantinople ; ce serait mal connaître son ambition et la ténacité de son cabinet. Quelque avantageux qu'il soit pour la masse des puissances, et notamment pour la France et ses alliés, que la Pologne reprenne son rang, tout exige, cependant, que cette opération soit remise à un autre tems. La Prusse éclairée sur ses véritables intérêts, et sur ceux de ses voisins, qu'elle tend à mettre à l'abri des entreprises de la Russie, pourrait consentir à abandonner la partie de cet état qu'elle occupe ; mais l'Autriche, qui a eu pour lot dans le partage les provinces les plus riches et les plus peuplées, et qui s'est vue, par-là, rapprochée de la Grèce qu'elle convoite, ne montrera point sans doute le même dévouement. Ce serait donc accroître les dificultés, et rendre l'œuvre de la paix interminable. . . . La reddition de l'Egypte aux Turcs entre dans les vues du cabinet russe, par ce qu'il a dessein de s'en emparer; et parce que, de ce point, les Français contrarieraient son grand plan d'invasion. On doit se refuser à sa demande par le même motif qui la lui fait former: la France, qui n'a aucun rapport de territoire avec cette puissance, en faisant la paix avec la Porte et l'Autriche, lui opposera des barrières de toutes parts, et lui montrera l'inutilité des efforts qu'elle pourrait tenter contre elle. Si enfin la France traite avec l'Angleterre, la Russie, se trouvant isolée et sans subsides, ne pourra rien entreprendre de quelque tems sur Constantinople. La nécessité de rétablir ses finances, dont le concours est nécessaire à ses desseins, et dont l'épuisement est inexprimable; cet état n'ayant de resource que dans un papier sans hypotèque, que la volonté despotique du souverain a su changer en or dans les mains de son peuple; mais qui n'a point subi de métamorphose dans celles de l'étranger; cette nécessité, dis-je,

la forcera de tourner ses yeux vers ses intérêts et d'ouvrir à la France les sources de son
commerce : tout le monde connaît le résultat pour le trésor impérial du produit des
douanes sur nos marchandises ; c'est une des
branches les plus fortes du revenu public de
cet état. La négociation avec la Russie paraît
être la dernière ; mais le résultat en est infail-
lible par les motifs que je viens d'exposer.
On pourra même la forcer de renoncer à ses
projets sur l'Orient , et rendre stable la paix
avec elle , si la France conserve l'Egypte , et
y maintient une force imposante, qui puisse
protéger le Turc dans le cas où il serait
menacé.

Un traité avec ce dernier peut être le pre-
mier cimenté. Il sera aisé de lui montrer sa
chûte prochaine s'il persiste dans son systême de guerre avec nous. On pourra lui
prouver que l'invasion de l'Italie , par les
Russes , était le mouvement préliminaire
de celui qui devait s'opérer dans la Turquie
européenne et dans la mer Noire : on lui

montrera que le Russe attendait l'épuisement de ses forces , et son propre affermissement en Italie , et sur-tout l'occupation de Malte, pour se tourner contre lui et l'anéantir. La conduite du Russe sur le continent tenait à un plan vaste et bien combiné. Il a vu que, sans l'invasion de l'Italie , sa conquête en Orient ne seroit point assurée; et il l'a tentée, en offrant à l'Autriche la possession du nord et du centre de l'Italie, se réservant Naples, la Sicile et Malte. L'Autriche a paru satisfaite du partage, et devait faire une diversion puissante en sa faveur, du côté de la Hongrie; mais le véritable but de celle-ci , était de profiter de ce mouvement pour s'emparer des places fortes du Danube , et s'ouvrir un passage dans la Grèce, dont elle ambitionne la conquête depuis qu'elle occupe Venise et qu'elle a la prétention de devenir grande puissance maritime. Elle espérait expulser ensuite le Russe de l'Italie, et le faire trembler à son tour dans l'Orient.....

Le Turc frappé de ces vérités ,palpables pour le moins clairvoyant, n'hésitera plus, malgré son opposition apparente, à vous abandonner l'Egypte , et cherchera dans les bras de la France un appui contre ses redoutables voisins. Un négociateur habile pourra lui faire entrevoir dans l'avenir une compensation très-avantageuse pour lui. Ses états d'Arabie ne prendront-ils pas de la splendeur si le commerce de l'Inde s'ouvre par la mer Rouge ? Ne peut-on pas lui montrer enfin, qu'il sera participant aux résultats de ce grand projet ?

L'Angleterre, qui en combine avec effroi les résultats , se refusera opiniâtrement à la cession de l'Egypte à la France. On pourrait affirmer même que ce sera de tous les objets de la négociation avec elle celui auquel elle tiendra le plus. Elle pourrait se résoudre à l'abandon de ses conquêtes dans les deux Indes ; et, malgré son orgueil , consentir à un pacte maritime avantageux aux nations; mais elle réclamera l'évacuation de l'Egypte jusqu'à l'extrémité ; et cela, parce qu'elle croit voir la base de sa destinée attaquée par cette occupation. Il est des moyens pour atténuer cette crainte, et pour contraindre l'Angleterre dans le cas où elle se refuserait à la paix. Ces moyens sont d'abord la promesse de ne rien tenter par la force sur l'Inde, et de limiter vos opérations par la mer Rouge, à un simple échange commercial. On lui montrera qu'à l'exception de Madras et de Pondichéri dont vous exigerez la restitution, elle tiendra les sources de ce commerce, et qu'elle ne vous rendra participans qu'à de faibles produits. Si elle résiste d'après cela, vous la menacerez de l'écraser par la masse de vos forces, en faisant à tout prix la paix avec la Porte et l'Autriche.

Mais, dira-t-on, si vous stipulez dans votre traité, que vous ne ferez point de tentatives extraordinaires sur l'Inde, et que vous bornerez vos relations à un simple échange commercial, dont les bases seront déterminées par un traité particulier, l'avantage sera bien faible pour vous? Compte-t-on donc pour rien celui de limiter l'ambition de la Russie? Ne sait-on pas qu'elle peut envahir l'Egypte par la mer Noire, sans conquérir Constantinople? Ignore-t-on, en outre, qu'elle est limitrophe de la Perse, par le Caucase ; qu'elle peut se porter dans le centre de ce Royaume, par la mer Caspienne qui lui est soumise, et ensuite sur le grand Continent des Indes, s'il ne se trouve point dans l'Orient une force, autre que celle du Turc et du Persan, pour la maîtriser? Les rapports de ses peuples méridionaux avec ceux de la Perse, son audace entreprenante, et l'habitude qu'ont ses soldats de faire la guerre dans les déserts, ne sont-ils pas autant de moyens propres à lui applanir la route de cette conquête ? Que pourrait faire alors l'Europe pour l'arrêter ? Avant qu'une ligue eut pu se former contre elle, ne serait-elle pas maîtresse de l'Inde ? Le Turc voudrait-il ouvrir ses états aux armées européennes, et ne préférerait-il pas la voir passer dans les mains de son ennemie? D'un autre côté, la Russie ayant besoin de peu de forces pour exécuter son projet, vu qu'elle n'aurait aucune puissance redoutable en tête, ne conserverait-elle pas un aspect redoutable dans le Nord ? Je l'ai déjà dit, cet état s'épuise par ses efforts ; mais son dernier élan peut-être redoutable à l'Europe : il l'ébranlera peut-être, si elle ne lui oppose une force invincible.... La Russie, dans son système d'invasion en Orient, a le double but de comprimer dans la Méditerranée, la France, l'Espagne et l'Angleterre, et de les contenir en les menaçant de leur fermer les Echelles; elle a enfin celui de s'emparer de l'Inde par terre, et d'amener l'Europe sous son joug, par le besoin.... Voilà donc un intérêt majeur, et qui seul suffirait pour déterminer la France à tout faire pour conserver l'Egypte, d'où elle pourra observer la marche de l'ambitieuse et faire avorter ses desseins. Qu'on montre dans tout son jour cette vérité politique à l'Angleterre , et elle deviendra un motif déterminant pour elle : alors elle verra dans la colonie d'Egypte une sauve - garde pour ses possessions Orientales.

Envain de faux politiques mettront-ils en avant, qu'on a à redouter la violation des traités du côté de la France , et l'envahissement qu'on prête à la Russie par cette première. Le vîde de cet argument se fera sentir, lorsqu'on observera les difficultés que doit entraîner une telle opération de la part de la France. L'Angleterre n'en verrait-elle pas les préparatifs ; et ne pourrait-elle pas envoyer des forces considérables dans l'Océan indien ; puisque , dans ce cas , ses possessions ne pourraient être attaquées que par la mer ? Alors la France, qui , bien loin d'être hors d'atteinte comme la Russie , est entourée par des puissances formidables qui seraient garantes de ses traités , pourrait-elle les méconnaître impunément ? On a dû voir dans ces derniers tems , qu'elle tend à donner de l'influence à ses alliés et non à s'agrandir elle-même. A-t-elle réuni à ses Etats l'Italie lorsqu'elle la conquise ? A-t-elle usurpé la souveraineté de la Hollande et de la Suisse, ni même de la faible république de Gênes ? N'a-t-elle pas enfin reconnu et proclamé leur indépendance ?... A-t-elle porté atteinte aux droits de l'Espagne, quoique leurs principes fussent absolument différens ? N'a - t - elle pas respecté les états des princes de l'Empire, ses alliés ? Tout n'annonce-t-il pas à l'Angleterre que la France tiendrait avec elle une conduite semblable, et lui offrirait la même garantie ? .... On montrera peut-être encore la France prête à envahir Constantinople, et l'on présentera l'Egypte comme le foyer d'une révolution nouvelle. Mais croit-on que la France pût adopter un systême aussi désastreux ? Croit - on qu'elle voulût imiter le sort des Romains en dispersant ses forces, et mettre en balance le sort de la mère patrie avec des conquêtes incertaines ? Non, elle imitera plutôt la Grèce circonscrite, qui creusa le tombeau à l'armée la plus formidable qui ait paru sur la terre. Elle est convaincue aujourd'hui, tant par son expérience que par l'exemple des anciens et de ses voisins, que sa circonscription sur son territoire fait sa force, et que sa sagesse amènera seule sa splendeur.... Elle a vu la Russie, trop attachée à son système d'agrandissement, fermer les sources de ses richesses, en ravissant à un sol immense et propice à l'agriculture les bras nécessaires pour le cultiver, et anéantir la prépondérance que l'avenir lui promettait; elle a vu la Pologne victime de son système guerrier, qui détruisit sa population, seul appui inébranlable des États; elle a vu la France monarchie, affaiblie par l'ambition de Louis XIV, plus que par l'ineptie et les fautes de ses successeurs; elle a vu l'Espagne ne retirer de ses vastes conquêtes que son épuisement; et elle a vu la Prusse, formidable à la mort de Frédéric II, amenée presque à sa ruine par l'effet d'une seule campagne hors de son territoire. Croit-on, d'après cela, qu'elle

voulût courir le risque de nationaliser la
guerre européenne, et donner, par son im-
prudence, des nouvelles armes à l'Angleterre, en mettant dans les mains de son gouvernement les ressources du commerce en-
tier de cet Etat ? Croit - on, enfin, qu'elle
voulût acheter ses conquêtes au prix du sang
du tiers des Français, et qu'elle plaçât de
sang - froid un volcan sous l'autel de la
Liberté ? … Si la France a fait de grands efforts pour rendre l'Italie indépendante, ils
avaient pour but le salut de l'Europe entière ;
ils tendaient à établir dans ce pays un grand
état, qui formât une barrière puissante de
ce côté. Si elle en fait de nouveaux pour
conserver l'Egypte, c'est par le même motif.
Les nations doivent donc voir en elle une
protectrice, et non une puissance redoutable.
Que l'Europe se rassure ainsi que l'Angleterre ; la France, en aucun tems, ne cherchera
à sortir de ses limites…… N'a-t-on pas vu,
lorsqu'un gouvernement enthousiaste et ir-
réfléchi a émis des idées d'agrandissement,

la volonté générale l'improuver ? Ignore-t-
on que la France possède aujourd'hui une
masse d'hommes éclairés , qui s'opposeraient
à toute tentative contraire à la foi des traités?
Ignore-t-on , enfin , que des ambitieux ne
peuvent plus la maîtriser ? On voit en ce
moment des preuves de ce que j'avance : elle
vient d'entourer de sa force et de sa confiance
les hommes qui ont renversé ceux qu'elle
jugeoit ennemis de la paix. L'ame entière de
la France s'est dévoilée , et les puissances ont
pu y voir des sentimens analogues à leurs
vues. De quelle autre boussole ont-elles besoin pour se guider? Elles peuvent connoître
le vœu de la nation et s'assurer de leur sort
pour l'avenir... Mais pour porter le raisonne-
ment au plus haut degré , qu'on suppose avec
l'Anglais soupçonneux , que la France, per-
suadée de pouvoir résister à l'Europe , nour-
risse des germes d'ambition : on détruira ce
soupçon en insinuant que la France, se voyant
arrêtée par des ennemis moraux , plus puissans que les rois , qui sont les préjugés des

3

peuples , serait forcée de les étouffer. Elle s'est assurée , dans ses invasions en Allemagne et en Italie , que c'était envain qu'on attaquait ces ennemis par la force : elle verrait l'ignorance et le fanatisme des Orientaux lui opposer une barrière insurmontable. Son expérience est le frein puissant qui la maîtriserait si elle pouvait écouter des sentimens ambitieux.

La France peut donc conserver l'Egypte sans que les puissances aient sujet de se livrer à la crainte. Elle aurait dû, sans doute, l'abandonner, si son intérêt commercial était le seul effet que cette occupation dut produire : mais il s'agit de préserver le corps politique menacé. S'il existait entre les nations un pacte bien cimenté , qui tendit à maintenir l'équilibre , et à montrer à l'ambitieux une puissance colossale prête en tout tems à l'écraser, la France n'aurait point de motifs pour garder sa conquête ; mais ce pacte , ou confédération de tous contre chacun d'eux, et sans lequel l'Europe ne jouira jamais d'une paix constante , comme je l'ai annoncé en l'an V , dans un ouvrage intitulé *Pacte de l'Europe , fondé sur ses rapports et ses intérêts* , où je donnais les bases de ce pacte , et préssentais les dangers qui ont failli engloutir l'Europe ; ce pacte , dis-je , n'existant point , puisqu'on voit la Suède , le Portugal , l'Empire et le Turc s'armer en faveur des puissances qu'ils devraient combattre , et les autres états garder une neutralité favorable aux ambitieux , (1) c'est à la grande puissance à portée du point menacé par l'usurpateur , qu'il est réservé de le comprimer.... Si ce pacte eût existé , la France n'aurait pas eu besoin de conquérir l'Egypte pour prévenir les desseins de la Russie : la confédération aurait armé contre elle la Prusse , la Suède , la Pologne et le Danemarck , qui

-----

(1) Je ne sépare point l'Espagne des puissances neutres : malgré son apparence guerrière , peut - on dire qu'elle ait agi efficacement ? Si cela était , le Portugal serait aujourd'hui enlevé à la domination anglaise.

l'auraient attaquée dans ses états , si elle avait montré l'intention de se porter sur l'Orient : toutes les puissances maritimes auraient fermé leurs ports à l'Angleterre , et auraient réuni leurs forces contre elle pour arrêter ses agressions : l'Autriche aurait vu, en menaçant l'Italie, la France , l'Espagne, la Prusse et le Turc , l'assaillir dans le Midi ; tandis que la Prusse et l'Empire en masse , l'aurait pressée dans le Nord. Quelle que soit la confiance de ces puissances en leurs forces ; et quelle que soit leur audace , elles n'auraient point osé manifester leurs projets , et encore moins en tenter l'exécu-tion.

Le dessein qu'a cette dernière , de régner sur l'Italie , et son ambition qui lui voile les obstacles et les dangers , tendent à suspendre, de son côté , l'œuvre de la pacification. (1)

___

(1) Si l'Autriche n'a point réalisé son projet sur l'Italie avant la révolution française , on le doit à l'opposition de la maison de Brandebourg intéressée

Croirait-on qu'en ce moment, où elle ne peut compter d'être secondée sincèrement par la Russie, vu que celle-ci, éclairée sur ses vues, craint de la voir s'emparer du fruit de ses soins; et malgré ses défaites multipliées, elle ne cherche point à entrer en négociation avec la France ? Elle a été un instant déconcertée, en apprenant que la diversion puissante qu'elle attendait des Anglais avait été sans effet; et en se voyant contrainte de renoncer à la Suisse, dont elle espérait faire une barrière pour couvrir l'Italie, et assurer son usurpation dans cette partie du Continent : mais elle a bientôt repris son espérance et ses projets.... Elle ne consentira à la paix que moyennant la cession de la partie de l'Italie qui fait sa force, et lui assure, à son gré,

---

à le faire avorter, et aux ligues des Electeurs contre cette première : on le doit à l'influence de la France monarchique et catholique : on le doit à la fermeté de l'Espagne, alors formidable; et enfin à la constance de la maison de Savoie à défendre l'entrée de l'Italie.

la conquête du reste.... Mais tout ne s'oppose-t-il point à cette cession ? Tout n'exige-t-il pas, au contraire, que l'Italie soit déclarée indépendante ? L'équilibre de puissance ne serait-il rompu, si l'Autriche s'y établissait ? Quelle prépondérance ne prendrait-elle pas ? Les moyens de finance qu'elle trouverait dans son commerce, l'agrandissement de sa population, et la disposition de son territoire, qui formerait un demi-cercle autour des Républiques, tout cela ne la mettrait - elle pas dans le cas de les harceler, et de renouveller à chaque instant les horreurs de la guerre, qui ont un attrait invincible à ses yeux ? Qu'est - ce qui l'empêcherait alors d'envahir la Grèce, et de s'y établir ? Ne lui offrirait - on pas l'occasion de former de nouveaux projets et de s'emparer peut-être, elle-même, de Constantinople ? Ses positions sur le Danube et ses provinces orientales, ne seraient-elles pas des barrières qu'elle opposerait à la Russie et à la Prusse ; tandis qu'elle mettrait

l'Italie entre elle et les Républiques ? Peut-
on enfin doûter qu'elle ne soit prête à adopter tout ce qui peut servir son ambition ?...
On proposera de lui laisser le Mantouan ,
le Milanez , et l'état Vénitien ; et rétablis-
sant le reste de l'Italie sur l'ancien pied , de
former une ligue des princes italiens contre
elle. Mais ses liens de parenté avec Naples
et la Toscane ne lui asservissent-ils pas les
deux plus puissans ? et le fanatisme d'Amé-
dée ne se jette-t-il pas dans ses bras ? Com-
ment la France l'atteindra-t-elle en Italie ,
si le Piémont lui est fermé ? Par la Suisse ,
repondra-t-on ? Mais , en supposant qu'elle
puisse y pénétrer par cette voie , ne trouvera-
t-elle pas le boulevard de Mantoue qui l'ar-
rêtera ? et n'aura-t-elle pas à combattre de
nouveau une nation entière , dont on nour-
rira la haine contre elle et dont on accroîtra
chaque jour le fanatisme ? ... Qu'on se rap-
pele que les princes italiens ouvrirent na-
guères leurs places fortes à l'Autriche et lui
livrèrent leurs armées : que ne fera pas au-

jourd'hui leur ressentiment contre la France et les Républiques ! l'espoir de les anéantir leur fera sacrifier tous leurs intérêts..... L'Autriche a d'ailleurs plusieurs moyens pour les amener à ses vues ; elle leur fera sentir qu'ils ne peuvent se soutenir sans l'appui d'une grande puissance ; et que l'intérêt de la religion , sur laquelle leurs trônes sont appuyés , exige que ce soit une puissance catholique. Elle leur montrera l'Espagne dévouée à la France et hors d'état de les protéger. Cet argument sera sans réplique pour eux ; et ils deviendront ses tributaires.

Ces considérations montrent à quel point peuvent se porter ses espérances , et découvrent les moyens nouveaux qu'elle a acquis: on voit enfin , par-là , combien elle se désistera avec peine de l'Italie , et combien il importe à l'Europe de lui en arracher le sceptre. On fera valoir sa résignation lors du traité de Campo-Formio. Que prouverait-elle à l'homme éclairé , sinon qu'elle voulait parer au danger imminent qui la pressait?

On a vu cependant, et ceci nous servira de guide pour juger ses prétentions futures, que quoique ses états fussent envahis et qu'elle fut menacée dans sa capitale, elle n'a pu renoncer à l'Italie entière : il paraît même qu'elle aurait couru le risque de sa perte , si le gouvernement français eût persisté à conserver l'indépendance de Venise.

Après avoir envisagé le danger qu'il y aurait de lui livrer l'Italie, ni ses états du nord, et ce qu'elle fera pour s'y maintenir, arrêtons-nous sur d'autres motifs, qui s'opposent puissamment à aucune cession de la part de la France sur le territoire italique ; et qui entravent sa volonté, quand même l'amour extrême de la paix la ferait passer sur les premières considérations... On sait que la Prusse a tendu jusqu'à ce jour à maintenir l'équilibre politique en Allemagne ; et tout annonce que son système n'est pas prêt à changer. On ne peut céder l'Italie entière , ni en partie, sans rompre cet équilibre , et sans porter atteinte au système prussien. Cet état pour-

rait-il consentir à un traité qui compromet-
trait, non-seulement le sort de l'Empire,
mais le sien propre? Il n'est pas douteux
qu'il n'eut fait déjà de fortes réclamations,
et ne se fut peut-être armé contre l'Autriche,
s'il n'avait espéré que la France reconquére-
rait l'Italie, et que l'indépendance de celle-
ci serait assurée. Voyant la France servir
l'ambition de son ennemie, la Prusse se tour-
nerait infailliblement contre cette première
et formerait une coalition nouvelle, à laquelle se joindrait tout le Nord: ainsi, en
cherchant à éteindre l'embrâsement d'un
côté, on l'attiserait de l'autre : on verrait
peut-être alors l'Autriche, se couvrant du
voile de la perfidie et semblant renoncer à
ses projets usurpateurs, violer ses traités et
s'unir à la ligue des puissances, pour ren-
verser les Républiques qui lui font ombrage...
L'intérêt de la France veut qu'elle prévienne
par sa fermeté la coalition de ses alliés du
Nord, et qu'elle se refuse au vœu de l'Autriche, en s'attachant de plus en plus à son

systême conservateur..... Quel est donc le moyen qu'on doit employer pour déterminer cette puissance à faire une paix avantageuse à tous ? Celui que l'expérience a montré le seul propre à faire fléchir son ambition ; celui de la contraindre par la force. Qu'on n'espère point de fruit d'une négociation avec elle , qui ne serait pas soutenue par les plus grands efforts. L'invasion de l'Italie que nos triomphes en Suisse nous ont rouverte , et un mouvement formidable sur tous les points , qui fasse trembler l'Autriche dans ses foyers , sont encore nécessaires. Ses défaites dont elle ne peut se relever tout-à-coup ; l'attitude imposante de la France , et l'activité de son nouveau gouvernement , sont les garans non équivoques de ses nouveaux succès , et les signes certains de la paix continentale. . . L'Angleterre , comme je l'ai déjà dit , préférera négocier avec la France un traité pour l'Inde et lui laisser l'Egypte , que de courir les risques de voir ravir tôt ou tard ses possessions du Gange par la Russie, et de compromettre son sort sur le continent, en attirant contre elle la masse des forces de cette première. Lorsque ces deux traités auront reçu leur sceau, qu'importera à la France l'opiniâtreté du Russe, et même du Turc? Ses démêlés avec eux seraient sans effet, et ne pourraient troubler son repos, ni arrêter sa prospérité.... Français, il vous reste quelques sacrifices à faire et à vous armer encore de constance; et vous recueillerez les fruits de votre patience et de votre dévouement : alors cesseront ces scènes de perpétuelle horreur qu'ont amené des traités mal cimentés ; alors vous obtiendrez une paix durable ; et vous aurez la gloire d'avoir respecté les droits de vos alliés, d'avoir comprimé les ambitieux, d'être l'égide de l'Europe, et d'avoir préparé son repos et son bonheur.

F I N.